AF458333

OBSERVATIONS
SUR
LE MOUVEMENT COMMERCIAL

Des principales substances minérales, entre la France et les puissances étrangères, pendant les douze dernières années, et particulièrement pendant les années 1829, 1830 *et* 1831.

Par M. F. LE PLAY, Ingénieur des mines.

Les tableaux qui terminent cette notice ont été rédigés avec les documens officiels que publie chaque année l'administration générale des douanes. On y a omis à dessein tous les détails d'une faible importance, afin de présenter d'une manière succincte le mouvement commercial des principaux produits de l'industrie minérale entre la France et les pays étrangers. Ce tableau, rapproché des chiffres de la production des mines et des usines du royaume, peut fournir à l'industrie des renseignemens utiles; aussi les Annales des Mines publieront-elles dorénavant, à des périodes régulières, ces deux genres de renseignemens. Il eût été intéressant de donner une idée complète des variations qu'ont éprouvé, depuis douze ans, les importations et les exportations des substances minérales; à défaut de ce tableau général, dont les élémens avaient été rassemblés, mais qui aurait occupé trop de place dans cette livraison, on s'est contenté de présenter les documens qui se rapportent aux années 1829, 1830 et 1831 : toutefois on a cru utile de les compléter, en consignant dans cette notice les résultats les plus saillans que présente la comparaison des tableaux relatifs aux douze dernières années, ainsi qu'un abrégé de quelques recherches sur les localités qui paraissent avoir la plus grande part d'influence dans le mouvement commercial des substances minérales.

Ces substances ont été groupées dans cinq sections. La 1re. comprend les métaux et les produits métallurgiques; la 2e. les sels et les produits chimiques; la 3e. les substances combustibles; la 4e. les substances pierreuses et principalement les matériaux de construction, les poteries, les verreries; la 5e. enfin les fabrications diverses ayant pour base les métaux.

Ire. Section. *Métaux et produits métallurgiques.*

Antimoine sulfuré et *métallique*.

Le mouvement commercial de ces deux substances est assez variable et présente d'ailleurs peu d'importance : en général, sauf quelques exceptions, les exportations restent supérieures aux importations. Celles-ci se font presqu'exclusivement dans les Etats-Unis d'Amérique, qui, en 1831, ont reçu 25.081 kilogr. d'antimoine sulfuré, et 28.852 d'antimoine métallique : nous n'exportons que des quantités insignifiantes de ces produits en Belgique, en Espagne, en Suisse et en Sardaigne. Ce sont les petites usines de la Prusse rhénane qui donnent lieu à la presque totalité des importations par la frontière de l'est. Ces usines, alimentées par les combustibles de Saarbruck ou du comté de la Mark, sont en général dans un état assez prospère, qu'elles paraissent devoir au perfectionnement des procédés métallurgiques. Dans quelques-unes d'entr'elles, une préparation mécanique a remplacé la fonte crue que l'on faisait subir au minerai, et l'on prépare le régule bien pur, non plus par la double opération du grillage et de la réduction, mais par la désulfuration directe du minerai au moyen du fer métallique. Ce procédé, recommandé depuis long-temps aux fabricans, a été, je crois, mis en usage pour la première fois par M. Funcke, pharmacien à Linz; il doit présenter quelques avantages puisqu'il a été établi d'abord dans une localité où le combustible et le minerai avaient à subir un long transport, et dans laquelle cette fabrication, vu la rareté du minerai, ne pouvait se promettre qu'un avenir très-borné.

La France, dotée beaucoup plus richement que les contrées voisines en minerai d'antimoine, a des exploitations nombreuses de cette substance dans ses montagnes centrales, et principalement dans les départemens de la Haute-Loire, de l'Ardèche, du Puy-de-Dôme, etc. L'amélioration des moyens de transport, et quelques perfectionnemens dans les procédés métallurgiques, permettraient certainement à cette partie de la France de fournir l'antimoine à tout le territoire, surtout à la faveur du droit de 15 p. 100 qui frappe actuellement les produits des usines étrangères.

Argent et or.

Les tableaux présentent le mouvement de ces métaux à divers états; 1°. à l'état de lingots et de monnaies et c'est de beaucoup la quantité la plus considérable; 2°. sous forme de fabrications diverses d'orfévrerie, de bijouterie, etc.

A l'égard des métaux précieux sous forme de lingots et de monnaies, il convient de remarquer que les chiffres doivent être regardés seulement comme approximatifs. L'administration des douanes ne peut se flatter de constater tous les mouvemens de matières précieuses qu'il est si facile de masquer : d'une part, en effet, les négocians ont souvent le plus grand intérêt à les soustraire aux investigations de la douane, et l'on conçoit, par exemple, que les risques de piraterie soient, pour les capitaines de navire, un puissant motif de ne pas faire figurer ces métaux sur les lettres de chargement : d'un autre côté, la faiblesse des droits qui affectent ces matières donnent aux agens de l'administration des douanes peu de motifs de les rechercher. Le mouvement de l'or est, comme on le voit, très-variable; mais on peut remarquer, dans les dix dernières années, une progression constante, pour l'argent, dans l'exès des importations sur les exportations; il est difficile toutefois de décider si ce résultat est dû à une augmentation réelle dans les importations, ou à une amélioration dans les moyens d'information.

La France fait chaque année une exportation considérable de métaux précieux sous forme de fabrications diverses d'orfévrerie, de bijouterie et de plaqués sur métaux communs. Cette exportation est d'autant plus avantageuse pour l'industrie française, que des travaux de main-d'œuvre entrent pour une proportion considérable dans la valeur de ces produits. Cette exportation, qui d'ailleurs n'est pas soutenue par des primes, comme cela a lieu pour diverses fabrications de plomb, de cuivre, etc., s'est presque élevée, en 1831, à la somme de 6.000.000 fr. On trouvera, dans le tableau suivant, la valeur de quelques-unes de ces exportations pour les destinations les plus importantes.

Indication de la valeur des fabrications diverses, ayant pour base l'or et l'argent, exportées pour diverses destinations en 1831.

LIEU DE DESTINATION.	ORFÉVRERIE		BIJOUTERIE D'OR.	OR		PLAQUÉS
	d'or.	d'argent.		battu, tiré laminé.	filé sur soie.	
	fr.	fr.	fr.	fr.	fr.	fr.
Belgique. . . .	357	16.217	39.464	389.250	106.400	165.120
Angleterre. . .	2.108	24.882	45.974	9.000	19.000	108.590
Espagne. . . .	1.530	21.492	50.090	105.000	»	227.610
Sardaigne. . .	11.819	8.952	35.631	139.500	283.438	281.160
Suisse.	9.085	172.490	30.360	238.470	49.250	113.830
Petits états d'Allemagne.	14.499	142.910	89.049	523.500	13.350	184.050
Turquie. . . .	»	219.060	11.532	24.000	1.500	150.240
Egypte	46.168	3.355	500	»	2.000	8.690
Etats-Unis . .	13.208	58.601	67.796	18.000	1.750	200.220
Mexique. . . .	4.073	22.901	67.640	»	»	115.100
Diverses local.	30.582	36.620	258.703	189.400	122.375	1.699.450
Totaux. . .	133.429	727.480	696.239	1.536.120	599.063	2.054.060

On n'a point indiqué ici, d'une manière spéciale, l'exportation assez considérable qui a eu lieu pour nos colonies des Antilles, de l'Afrique et de l'Inde, dans lesquelles le monopole est assuré aux fabricans français.

Cobalt.

Ce métal est principalement importé dans le royaume à l'état de *verre de cobalt pulvérisé* ou d'*azur*. La valeur de cette importation surpasse chaque année la somme de 200.000 fr. Deux tiers environ de la quantité totale de l'importation sont fournis par l'Allemagne du nord : le reste est importé de la Belgique, mais je ne sais si l'azur est un produit de l'industrie belge, ou bien, ce qui est plus probable, s'il y est amené par la voie du commerce. La fabrication de cette substance, dont on fait un assez grand emploi dans les arts, a été jusqu'ici une sorte de monopole pour l'Allemagne du nord, et même pour une ou deux compagnies qui exploitent avec grand profit les usines de la Hesse électorale (*Riegelsdorf*), du Hartz (*Braunlage*, *Wernigerode*), de la Silésie (*Querbach*), etc.

Il serait bien à désirer que les capitalistes français portassent leur attention sur cet objet, et introduisissent en France une industrie qui aurait pour elle toutes les conditions possibles de succès. L'absence du minerai de cobalt en France est probablement la cause qui jusqu'ici a éloigné de chez nous cette industrie : mais le minerai pur entre pour une si faible proportion (en poids et en valeur) dans le produit fabriqué, qu'on peut lui faire supporter sans inconvénient des transports considérables; ainsi, par exemple, les minerais de cobalt du pays de Siegen (Prusse rhénane, sur la rive droite du Rhin, à six myriam. N.-E. de Coblentz) ont été long-temps transportés par terre, à l'état brut, à vingt myriam. de distance, pour aller trouver le combustible dans les usines du Hartz. Cependant ces minerais se composent d'une gangue quarzeuse, qui souvent ne renferme pas plus d'un ou deux centièmes de minerai de cobalt pur. Dans ces dernières années, le gouvernement prussien a établi à Gosembach, près de Siegen, un bocard et des tables à secousse pour la préparation de sables cobaltifères très-riches avec les minerais pauvres de la contrée; cependant j'ai pu constater, dans un voyage au Hartz en 1829, que les usines de ce pays persistaient encore à s'approvisionner de minerai brut, par suite de fausses idées sur l'importance de la préparation mécanique assez mauvaise, qu'on lui fait subir dans ces usines. On conçoit que, pour contre-balancer des fautes aussi grossières, la fabrication de l'azur doit présenter de bien grands avantages.

Je pense que cette fabrication pourrait être établie avec succès dans l'un de nos départemens de l'est où le combustible est abondant. 100 quintaux métriques de sable cobaltifère de Siegen, qui pourraient être transportés en partie par la voie du Rhin, suffiraient probablement à l'approvisionnement annuel d'une verrerie qui roulerait sur une production de 150.000 kilogrammes. Cette industrie naissante serait suffisamment protégée contre les produits des usines allemandes, par les avantages d'un transport tout effectué, et par le droit de 20 p. 100, dont est frappée actuellement l'importation de l'azur étranger.

Cuivre.

La petite quantité de cuivre produite annuellement en France provient exclusivement des mines de Saint-Bel et de Chessy. Cette faible production est un peu inférieure à l'exportation que la France fait de ce métal, à divers états et sous diverses formes, et principalement à l'état battu ou laminé, et à l'état de sulfate et d'acétate de cuivre.

La moyenne des importations du cuivre a eu une marche croissante dans les diverses périodes des douze dernières années, ainsi qu'on peut le voir par les indications suivantes :

De 1819 à 1822.	4.088.000 kilog.
De 1823 à 1826.	4.440.000
De 1827 à 1828.	3.927,236
De 1829 à 1830.	5.497.000

Ainsi, la valeur de l'importation moyenne de chacune des deux dernières années, a dépassé 11,000,000 fr. (1).

La Russie et l'Angleterre importent en France les deux tiers environ du cuivre métallique qui s'y consomme : l'autre tiers est envoyé principalement par la Suède, l'Espagne, la Turquie, le Brésil, les villes anséatiques qui, elles-mêmes, le reçoivent de diverses parties de l'Allemagne du nord, et particulièrement du pays de Mansfeld; les États-Unis d'Amérique et les nouvelles républiques de la côte occidentale de l'Amérique en envoient aussi une quantité notable ; mais les importations de ces dernières provenances sont assez irrégulières d'une année à l'autre. Au reste, on a indiqué dans le résumé suivant les provenances principales de la faible importation de 3.078.030 kil. qui a eu lieu en 1831.

Russie	1.098.771	kilog.
Angleterre	975.365	
Suède	177.868	
Espagne	168.652	
Brésil	150.606	
Turquie (Toka)	130.497	
Villes anséatiques	100.125	
Divers lieux	276.146	
Total de l'importation en 1831.	3.078.030	

(1) Je ne comprends pas dans cette moyenne les chiffres de l'année 1831, qui sont en général beaucoup plus faibles que ceux des années précédentes, et qui présentent une anomalie due à des circonstances exceptionnelles. Le défaut d'approvisionnemens a amené en 1832 une réaction en sens inverse, et les relevés des mouvemens commerciaux du premier semestre de cette année font présumer que la moyenne des deux années 1831 et 1832 ne différera pas beaucoup de celle des années précédentes.

On peut voir, par le tableau qui termine cette notice, que la presque totalité du cuivre est importée en France à l'état brut, c'est-à-dire en rosettes ou en lingots : des droits énormes, qui s'élèvent à plus de 30 pour 100, protégent les usines de Romilly, de Givet, d'Imphy, etc., qui donnent au cuivre toutes les formes demandées par la consommation intérieure; mais les produits de ces usines ne donnent lieu à aucune exportation importante, malgré les primes accordées à l'exportation du cuivre et du laiton battu ou laminé (1).

La France exporte chaque année une quantité assez considérable de cuivre à l'état d'alliages de zinc et d'étain, dorés ou argentés, connus généralement sous le nom de bronzes. Ces produits, dus pour la plupart à l'industrie parisienne, trouvent sur les marchés étrangers, et sans être soutenus par des primes, une préférence qui leur est assurée par le bon goût des dessins et par l'élégance des formes. Je trouve que la moyenne des exportations de ces produits pour les trois années 1829, 1830 et 1831, s'élève à 1.316.332 fr.

Outre les mines de Chessy et de Saint-Bel, la France possède un assez grand nombre de gisemens de cuivre; mais les uns ont été abandonnés,

---

(1) M. Héron de Villefosse, dans son rapport sur les produits métallurgiques de l'industrie française en 1827, fait remarquer que l'exportation du cuivre laminé, en 1826, a été quadruple de ce qu'elle était en 1822. Ce mouvement progressif n'a pas eu de suite : l'exportation du cuivre laminé, qui s'est élevée en 1826 à 250.535 kilogrammes, a été tout-à-fait exceptionnelle ; la moyenne de cette exportation, pour les deux années 1829 et 1830, n'a été que de 74.679 kilogrammes.

et jusqu'ici les autres n'ont été soumis à aucun système régulier d'exploitation. Rien ne doit faire présumer, dans l'état actuel des choses, que la France puisse jamais produire une proportion un peu notable de la quantité de cuivre qu'elle consomme.

Etain. Après les tentatives infructueuses qui ont été faites pour établir des exploitations régulières de minerais d'étain, il paraît peu probable que cette intéressante industrie puisse un jour être établie en France. La moitié environ de l'étain consommé en France est fourni par les mines d'Angleterre où la production de ce métal dépasse annuellement 5.000.000 kilogr.

Les seuls lieux de production paraissent être l'Angleterre, l'Inde, la Saxe et le Chili. Le tableau suivant donne une idée de la part qu'a eu chacune de ces contrées à l'approvisionnement de la France en 1831.

Angleterre	383.089 kilog.
Hollande	123.743
Belgique	96.843
Bourbon	53.702
Cochinchine, Philippines, Océanie.	20.811
Villes anséatiques	42.966
Chili.	52.871
Provenances diverses de l'Inde. . .	83.994
Total de l'importation de 1831.	858.019

Il est probable que la majeure partie de l'étain de Hollande et de Belgique y est amené par le commerce avec les colonies de l'Inde ; mais les entrepôts de ces deux pays s'approvisionnent aussi avec l'étain d'Angleterre. L'étain provenant des villes anséatiques est probablement, en grande partie, un produit des usines de la Saxe.

Les chiffres suivans indiquent le terme moyen d'importation de ce métal à diverses périodes des douze dernières années, et prouvent que de 1823 à 1830 cette importation est restée à peu près stationnaire.

De 1819 à 1822	655.900 kilog.
De 1823 à 1826.	1.003.800
De 1826 à 1830.	1.087.900

Malgré les grands perfectionnemens qui ont été apportés dans ces dernières années à l'industrie du fer, malgré le droit considérable (50 pour 100 environ) qui protége les usines françaises, la France reçoit encore de l'étranger une quantité considérable de fer forgé qui cependant diminue chaque année d'une manière graduelle; ainsi, le terme moyen de l'importation du fer en barre a été : Fer et fonte.

De 1819 à 1822.	7.452.500 kilog.
De 1823 à 1826.	6.497.500
De 1827 à 1830.	6.425.300
De 1829 à 1830.	5.944.040

Tout fait présumer qu'un emploi bien entendu des immenses ressources que possède la France pour la fabrication du fer, abaissera de plus en plus le chiffre de l'importation du fer étranger. De vastes usines, dignes rivales des beaux établissemens de l'Angleterre, s'élèvent en ce moment sur les bassins houillers des départemens du Gard et de l'Aveyron; et leurs produits, qui doivent surpasser 15.000.000 de kilogrammes de fer, augmenteront de plus d'un dixième la production des usines de France, laquelle, en 1830, a été, à peu près comme en 1826, de 140.490.000 kilogrammes de fer forgé.

C'est la Suède qui importe en France la presque totalité du fer que celle-ci reçoit de l'étranger. On a indiqué ci-après le résumé des provenances des principales importations de l'année 1831.

Suède	3.837.427 kilog.
Norwège	302.840
Angleterre	276.049
Russie.	113.639
Espagne	106.479
Diverses localités.	9.711
Total de l'importation du fer en 1831	4.646.145

La fabrication de la fonte de moulage n'a pas reçu encore les mêmes perfectionnemens que celle du fer forgé : aussi les besoins croissans de l'industrie ont-ils amené une augmentation graduelle dans les importations de ce produit.

La consommation de la fonte de moulage augmentera encore probablement en France d'ici à quelques années. Déjà la fonte moulée sous toutes les formes commence à remplacer le bois pour une foule d'usages, et notamment dans les arts de construction. La fabrication des machines à vapeur manque surtout de bonne fonte de moulage pour prendre une importance proportionnée à l'extension qu'a déjà acquise, sur nos grandes lignes fluviales, la navigation à la vapeur. Enfin, tout fait présumer que des machines à feu d'un autre genre parcourront dans quelques années des lignes plus étendues que celle qui réunit actuellement les bassins du Rhône et de la Loire.

C'est donc sur la fabrication de la bonne fonte de moulage, non moins que sur les perfectionnemens dans la fabrication du fer, que doit maintenant se porter l'attention des directeurs de forges. Déjà nous pouvons à cet égard concevoir d'assez belles espérances ; dans ces derniers temps, les nouveaux hautsf-ourneaux des fonderies d'Alais (Gard), ont donné des fontes de bonne qualité ; sous quelques rapports, celles-ci se sont trouvées comparables aux produits des usines de Belgique et d'Angleterre. Il serait à désirer que les fontes d'Alais pussent acquérir enfin toutes les qualités exigées par l'industrie, et arrêter la marche progressive de l'importation des fontes étrangères.

Les chiffres suivans présentent le terme moyen de ces importations pour diverses périodes des douze dernières années :

De 1819 à 1822.	6.018.700 kilog.
De 1823 à 1826	8.497.100
De 1827 à 1830	8.440.000
En 1830.	9.328.218

C'est la Belgique et l'Angleterre qui donnent lieu presqu'exclusivement à cette importation : la Prusse, la Savoie et les petits états d'Allemagne y concourent aussi dans une proportion très-faible, comme le prouve le résumé suivant, qui indique les provenances des importations de l'année 1831 :

Belgique	2.630.852 kilog.
Angleterre.	1.752.850
Petits Etats d'Allemagne . .	127.422
Sardaigne (Savoie).	168.796
Prusse.	68.179
Total de l'importation en 1831.	4.748.099

L'acier est encore une matière première que la France tire en partie de l'étranger. La moyenne Acier.

Acier. de l'importation de cette substance a présenté les variations suivantes à diverses périodes des douze dernières années :

PÉRIODES DE 1819 à 1830.	ACIER NATUREL ou de cémentation, en barres.	ACIER FONDU en barres.
	kilog.	kilog.
De 1819 à 1822	556.200	102.400
De 1823 à 1826	619.600	89.900
De 1827 à 1830	663.474	66.400

Les droits énormes de 54 p. 100 sur les aciers naturels et de cémentation, et de 65 p. 100 sur l'acier fondu, devraient à peu près constituer une prohibition véritable. Il faut que cette industrie soit chez nous dans un état bien peu prospère pour que la demande des aciers étrangers soit encore aussi considérable, et il est à regretter que la fabrication de l'acier ne profite pas mieux des encouragemens qui lui sont donnés aux dépens des nombreux consommateurs de cette substance.

La totalité de l'acier fondu est importée par l'Angleterre; et la plus grande partie de l'acier naturel provient des usines prussiennes de l'ancien département de la Sarre, qui fabriquent ce produit avec les fontes blanches lamelleuses des hauts-fourneaux de la rive droite du Rhin.

Les détails qui suivent se rapportent aux diverses provenances de l'importation de 1831:

Prusse	311.440 kilog.
Angleterre	69.269
Hollande	42.426
Suisse	42.920
Belgique	21.344
Allemagne	34.811
Diverses localités	6.110
Total de l'importation de 1831	528.320

Manganèse oxidé.

Bien que le manganèse soit assez abondant en France, les produits de nos mines ne suffisent pas à la consommation intérieure, et les importations restent supérieures aux exportations, qui sont néanmoins assez considérables.

Le tableau suivant présente la moyenne des importations et des exportations pendant trois périodes des douze dernières années :

	Importations.	Exportations.
De 1819 à 1822. . .	556.400 kilog. .	47.600 kilog.
De 1823 à 1826. . .	508.500	56.900
De 1827 à 1830. . .	265.303	78.548

On voit, par ce résumé, que de 1819 à 1830 l'importation du manganèse a diminué de moitié, tandis que, pendant le même temps, le chiffre des exportations a presque doublé : d'une autre part, la consommation intérieure a dû augmenter considérablement dans le même intervalle, par suite de l'extension qui a été donnée à la fabrication du chlore. Ces motifs réunis sont des indices certains d'une augmentation dans la production intérieure. En effet, les mines de manganèse, dont les principales sont situées dans les départemens de Saône-et-Loire, de la Dordogne, de l'Allier et du Cher, ont produit :

En 1822.	180.000 kilog.
En 1830.	432.8[illegible]

Le manganèse importé provient princ[illegible]alement des mines de Grettnich, dans l'ancien département de la Sarre, et des mines d'Ilfeld (Hartz) : ces dernières nous envoient leurs produits par les villes anséatiques. Les manganèses exportés s'écoulent principalement dans les Deux-Siciles et dans les états du centre de l'Italie.

Mercure. Ce métal est exclusivement fourni à la France par le commerce étranger. La presque totalité des importations est faite par l'Espagne, qui produit ce métal dans ses usines d'*Almaden*. Les mines de la Carniole n'importent directement en France qu'une très-petite quantité de leurs produits. Le commerce des villes anséatiques fournit environ le dixième de l'importation totale.

Le mercure est employé par l'industrie française, principalement pour l'étamage des glaces, la dorure sur métaux, les préparations pharmaceutiques, etc. Dans ces dernières années, l'ingénieux procédé d'amalgamation établi aux mines d'Huelgoat (Finistère), pour le traitement des terres rouges argentifères, a créé chez nous, pour ce métal, une nouvelle destination. Les besoins croissans de ces arts divers ont amené une augmentation graduelle dans les importations; en effet, la moyenne de l'importation, pendant les douze dernières années, a présenté les variations suivantes :

De 1819 à 1822	36.200 kilog.
De 1823 à 1826	61.400
De 1827 à 1830	67.755

Plomb. Le plomb est le métal dont la France reçoit chaque année de l'étranger la quantité la plus considérable; c'est aussi celui, le fer excepté, dont elle fait la plus grande consommation. La marche des importations dans les douze dernières années présente un résultat curieux et dont le commerce offre peu d'exemples, puisque dans cet intervalle ces importations ont presque triplé, ainsi que le prouvent les chiffres suivans, qui offrent les moyennes de l'importation du plomb pendant diverses périodes des douze dernières années :

De 1819 à 1822.	6.211.500 kilog.
De 1823 à 1826	9.508.100
De 1827 à 1828	11.340.665
De 1829 à 1830..	15.742.192

Ce mouvement progressif extraordinaire des importations est dû à des circonstances tout-à-fait particulières ; dans ces dernières années, l'exploitation des riches gisemens de minerais de plomb des environs de Malaga (Espagne), a pris presqu'instantanément un développement immense. L'abondance et la facile exploitation des minerais permettent aux exploitans espagnols de fabriquer à bas prix une quantité énorme de métal et d'encombrer tous les marchés. Les effets d'une concurrence aussi redoutable se sont bientôt fait sentir dans toutes les usines du continent, et ont privé l'Angleterre elle-même de la plupart des avantages qu'elle trouvait dans son exportation annuelle de 20 millions de kil. de ce métal. En France et dans diverses parties de l'Allemagne, les exploitations, peu favorisées par les circonstances locales, ont été suspendues. Les exploitans qui se trouvaient dans des circonstances plus favorables, et particulièrement ceux qui traitaient des galènes riches en argent, ont pu seuls continuer leurs travaux, mais à la condition de s'attacher sans relâche au perfectionnement des procédés. Aussi, sous ce point de vue, peut-on dire que le fâcheux état de l'industrie du plomb a été, et est encore journellement pour l'art, une cause puissante de progrès.

Dans le Hartz, où l'existence d'une population de 50.000 habitans est fondée uniquement sur l'exploitation des mines, l'administration supérieure des mines, justement alarmée pour les nombreux intérêts dont elle est la protectrice, a fait d'énergiques efforts pour combattre la concurrence des plombs espagnols. M. Hausmann de Göttinguen, envoyé en Espagne avec mission spéciale d'observer l'état des choses, est venu heureusement donner aux mines du Hartz l'espérance d'un meilleur avenir; en effet, ce savant établit dans son rapport, qui date de l'année 1829, que les mines d'Hadra, livrées maintenant à un gaspillage sans mesure, ne pourraient suffire que pendant un petit nombre d'années à l'énorme production qui a lieu maintenant. Soutenue par cette assurance, et aidée par son admirable organisation, l'administration du Hartz a présenté, dans ces circonstances difficiles, un exemple bien remarquable des avantages de l'état d'association dans l'industrie minérale. Des perfectionnemens de tous genres ont été tentés, des réductions ont été faites dans les dépenses, et, avec un désintéressement qu'on ne saurait trop louer, le conseil de Clausthall a voulu que les économies portassent seulement sur le superflu des officiers des mines, afin que le nécessaire fût conservé aux ouvriers.

En France la question était moins grave, parce qu'elle touchait à des intérêts moins nombreux : cependant la baisse dans le prix du plomb s'y est également fait sentir. Les tentatives pour remettre en activité les mines des Vosges et du Haut-Rhin se sont trouvées arrêtées. Les diverses mines qui approvisionnent les fonderies de Vienne (Isère) sont maintenant en souffrance, et la plupart d'entre elles vont être abandonnées.

Cependant les mines de Viallas et de Villefort (Lozère) ont conservé leur activité. Une grande extension a été donnée aux mines de Huelgoat (Finistère), auxquelles les beaux travaux et l'habile direction de M. Yuncker, ingénieur des mines, assurent encore un long avenir. Enfin, dans ces derniers temps, le département du Puy-de-Dôme a vu s'élever une fonderie dans laquelle on traite avec succès les galènes argentifères de Pont-Gibaud. Ces divers établissemens, dans lesquels les procédés se perfectionnent journellement en suivant les progrès des sciences, promettent à la France de précieuses ressources pour la consommation intérieure, lorque la décadence des exploitations espagnoles amènera une réaction dans le prix du plomb.

Comme on peut le prévoir facilement par ce qui vient d'être dit, l'Espagne a pour ainsi dire le monopole de l'importation du plomb. Les diverses provenances de ce métal, de la litharge et des alquifoux, se trouvent indiquées dans le tableau suivant, qui se rapporte aux importations de 1831 :

LIEUX DE PROVENANCE.	PLOMB.	SABLE plombifère.	ALQUIFOUX.	LITHARGE.
	kilog.	kilog.	kilog.	kilog.
Espagne	9.090.093	»	854.923	»
Villes anséatiques	436.033	»	»	»
Allemagne.	57.686	6.819	45 512	7.560
Angleterre.	31.388	»	»	30.450
Prusse rhénane	30.561	157.221	»	»
Belgique	60	126.394	1.189	»
Divers lieux	107.818	»	5.805	1.012
Totaux des imp. en 1831.	9.753.639	290.434	906.429	39.022

Zinc. La grande extension qui a été donnée pendant les dernières années à l'exploitation et au traitement de la calamine dans la Silésie et dans les provinces polonaises, a considérablement abaissé le prix de ce métal, qui est employé maintenant, depuis qu'on sait le laminer, pour une foule d'usages nouveaux, et principalement dans les arts de construction, pour la couverture des terrasses, des édifices, etc. On sait d'ailleurs que le zinc métallique a généralement remplacé la calamine pour la fabrication du zinc, et cela même dans plusieurs contrées où se trouvent des exploitations de calamine.

On a indiqué ci-après la moyenne de l'importation de ce métal à diverses époques:

De 1819 à 1822.	711.200 kilog.
De 1823 à 3826.	1.681.900
De 1827 à 1828.	1.272.300
De 1829 à 1830.	1.724.500
En 1831.	2.132.068

Les provenances principales sont indiquées par les chiffres suivans, qui se rapportent à l'année 1831 :

Villes anséatiques.	1.237.636 kilog.
Angleterre.	536.441
Prusse	215.703
Portugal.	142.288
	2.132.068

Les villes anséatiques expédient en France les zincs de Silésie et de Pologne, qui y sont amenés par la Baltique et par les canaux de la Prusse centrale. Le zinc importé par l'Angleterre est fabriqué principalement dans les usines du Derbyshire. Quant à la Belgique, malgré la grande fabrication qu'elle fait de ce métal dans les usines qui bordent le cours de la Meuse, elle n'a donné lieu, en 1831, à aucune importation; je n'ai pu trouver l'origine du métal importé du Portugal.

Le zinc nous est entièrement fourni par le commerce étranger, et cependant le sol de la France renferme une assez grande quantité de ce métal à l'état de blende ou de sulfure. Ce minerai contient, à l'état de pureté, 66 p. 100 de métal, et peut être transformé par le grillage en un autre produit (oxide), facile à réduire, lequel contient 80 p. 100 de zinc métallique.

Les travaux de M. Berthier, Annales des Mines, 1re. serie, t. 3, pag. 473, ont appris depuis long-temps le parti que l'on pourrait tirer de la blende pour la fabrication du laiton; depuis ce temps, M. de Villeneuve, ingénieur des mines, a décrit dans les Annales des Mines, 2e. série, tom. 4, pag. 103, le procédé suivi à Davos dans les Grisons, pour la fabrication du zinc avec la même substance. Il serait bien à désirer que cette industrie fût introduite en France; mais il est probable que l'on pourrait traiter la blende par un procédé plus avantageux que celui qui est pratiqué en Suisse; déjà M. Varin, ingénieur des mines, désirant utiliser les filons de blende de Clairac, aux environs d'Alais, s'est occupé de cette question, et a résolu d'une manière complète le problème d'un grillage très-économique : il en a donné la description dans les Annales des Mines, 2e. série, tom. 6, pag. 446. Je pense que l'on pourrait compléter le traitement métallurgique de la blende, en appliquant au minerai grillé par la méthode de M. Varin, le procédé de réduction employé dans les usines de Liége et des provinces prussiennes du Rhin, procédé dont les Annales des Mines donneront bientôt uue description détaillée : ce sera une occasion de traiter avec plus d'étendue cette question intéressante.

IIe. SECTION. *Sels et produits chimiques.*

Le commerce de ces substances a une assez grande importance, puisque la valeur moyenne des importations et des exportations a dépassé, pour les dernières années, la somme de 5 millons de francs. Toutefois, on reconnaît, à l'inspection du résumé qui suit, que ce commerce a pris depuis quelques années une marche décroissante qui s'est surtout fait sentir sur les exportatons.

ANNÉES.	VALEUR des importations.	VALEUR des exportations.
	fr.	fr.
1827	6.332.176	6.213.933
1828	5.469.877	5.285.177
1829	5.451.568	4.963.102
1830	5.146.811	3.999.784
Moyenne de 1827-1830	5.597.618	5.125.499

Les diverses substances dont la valeur totale est indiquée dans ce tableau, comprennent, outre celles qui sont détaillées dans la 2e. section du tableau général, quelques autres produits chimiques peu importans, de nature végétale, ainsi que la litharge et les sulfures de mercure et d'arsenic qui ont été reportés dans la 1re. section.

Importations. Les principaux articles d'importation sont les potasses, les natrons, le salpêtre brut, le tartre brut à raffiner, la céruse et la litharge.

Les potasses sont importées presqu'exclusivement par les États-Unis d'Amérique, la Russie et les petits états de l'Italie centrale ; on a indiqué dans le tableau suivant la proportion suivant laquelle chaque puissance a contribué à l'importation de 1831. Potasses.

LIEUX DE PROVENANCE.	IMPORTATION EN 1831.	
	POIDS.	VALEUR.
	kilog.	fr.
États-Unis.	1.709.237	1.025.542
Russie.	1.260.781	756.469
Italie centrale.	679.639	407.783
Autres puissances.	107.220	64.126
Total de l'importation en 1831. .	3.756.877	2.253.920

La petite quantité de soude importée chaque année provient des fabriques de la Belgique; les natrons proviennent directement d'Égypte. Soude.

L'importation de salpêtre brut s'élève environ chaque année, à la somme de 800.000 fr. Les $\frac{4}{5}$ environ de l'importation totale proviennent des possessions anglaises dans l'Inde; $\frac{1}{10}$ environ est fourni par les possessions françaises; le reste provient de Bourbon, de la république du Pérou, etc. Salpêtre.

L'un des résultats de l'extension qui a été donnée, depuis 1831, à notre commerce avec les républiques de la côte occidentale de l'Amérique du Sud, est l'importation d'une assez grande quantité de nitrate de soude, qui forme dans ces contrées des dépôts très-étendus. Notre colonie d'Alger a également contribué à cette importation qui s'est élevée, en 1831, à la valeur de 179.288 fr. Ces diverses contrées ont concouru de la manière suivante à cette importation. Nitrate de soude.

34.

République du Chili.	192. 996 kilogr.
——— du Pérou.	132. 762
——— de Bolivia.	32. 162
Province d'Alger.	90. 301
	448,221

Tartre brut. Les $\frac{4}{9}$ du tartre brut importé proviennent des Deux-Siciles, le reste est fourni par l'Italie centrale.

Céruse. La presque totalité de la céruse importée provient des fabriques de la Hollande; l'Allemagne n'en envoie qu'une très-petite quantité. Les usines à plomb et argent de cette contrée ne

Litharge. nous envoient également que très-peu de litharge : c'est l'Angleterre qui fait presqu'exclusivement cette importation. Du reste, la litharge importée n'est qu'en très-petite fraction de la quantité consommée annuellement en France; les produits de nos usines à plomb, bien supérieurs à cette consommation, empêcheraient certainement toute importation si ces usines avaient des communications plus faciles avec tous les points du territoire.

Exportations. Les principaux articles d'exportation sont les acides sulfurique, nitrique et muriatique, les soudes de toute sorte, le sel marin, les sulfates de soude, de fer et de cuivre, l'alun, la crême de tartre, les acétates de cuivre, etc.

Acides. L'exportation des acides sulfurique et nitrique est favorisée par des primes : les principales destinations de ces produits sont les petits états de l'Allemagne, les villes anséatiques et la Suisse.

Soudes. Les principales destinations des soudes de toute sorte sont, la Prusse, la Sardaigne, la Suisse, les petits états de l'Allemagne, et les États-Unis.

Le sel marin recueilli dans nos marais salans de

Sel marin.

l'Océan et de la Méditerranée, ou extrait de nos salines de l'est, est la substance, comprise dans la seconde section du tableau général, qui donne lieu à l'exportation la plus importante; la France exporte ce produit dans presque toutes les contrées avec lesquelles elle entretient des relations commerciales. Il faut en excepter toutefois le Portugal, qui fait lui-même une très-grande exportation des produits de ses salines, l'Autriche qui s'approvisionne en partie par l'exploitation des mines de sel gemme de la Galicie, et les Deux-Siciles qui, par leur position géographique, peuvent aisément suffire à leur consommation par l'industrie des marais salans.

Le tableau suivant indique les destinations principales des exportations de sel de l'année 1831, dont la somme, pendant cette année, s'est élevée à 52.033.391 kilog.

	kilog.		kilog.
Sardaigne.	14.887.341	États-Unis	1.102 814
Suisse.	7.309.468	Brésil.	431.738
Suède.	6.161.611	Belgique.	376.284
Angleterre.	3.702.908	Allemagne centrale.	318.170
Russie.	3.336.150	Républ^e. Argentine.	280.028
Norwège.	2.694.889	Bourbon.	770.882
Danemark.	2.581.589	Martinique.	739.899
Prusse.	2.535.969	Guadeloupe.	584.253
Hollande.	1.882.205	Alger.	312.692
Italie centrale. . . .	1.649.318	etc., ...	

Savons.

La France exporte chaque année une grande quantité de soude dans les savons qu'elle expédie à peu près pour toutes les contrées avec lesquelles elle entretient des relations de commerce. Les principales destinations sont la Suisse, l'île de Cuba, les États-Unis, la Belgique, la Sardaigne, etc. La valeur totale de cette exportation s'est élevée, en 1831, à la somme de 1.603.531 fr.

Sulfate de soude. Le sulfate de soude exporté par la France, s'écoule principalement en Autriche, en Suisse, en Belgique, en Sardaigne, etc.

de fer. Le sulfate de fer est exporté principalement pour la Suisse, l'Allemagne centrale, l'Espagne, la Sardaigne et la Prusse.

de cuivre. Le sulfate de cuivre a pour principales destinations, la Suisse, l'Espagne, la Sardaigne, etc.

Alun. L'alun calciné s'exporte exclusivement en Allemagne. La presque totalité de l'alun cristallisé est exportée en Suisse.

Tartre, Le tartre purifié, ou crême de tartre, a des destinations très-variées, mais il est exporté principalement pour les Etats-Unis, l'Angleterre, les villes Anséatiques, la Russie, le Danemarck, etc.

Acétates de cuivre. L'acétate de cuivre sec et cristallisé donne lieu à une exportation très-considérable, dont la valeur, en 1831, s'est élevée à 1.433.637 fr.; la fabrication de ce produit, qui est établie à Montpellier, absorbe une quantité importante du cuivre consommé annuellement par l'industrie française. Les Etats-Unis reçoivent presque la moitié de l'exportation totale; le reste s'écoule principalement dans les petits états de l'Allemagne, en Russie, dans les villes Anséatiques, en Sardaigne, en Angleterre, en Autriche, etc.

La fabrication des produits chimiques est très-avancée en France, et celle-ci peut revendiquer l'honneur de la plupart des perfectionnemens importans introduits dans ces arts par le progrès des sciences chimiques. Parmi les perfectionnemens principaux, on peut citer la fabrication du salpêtre au moyen des platras et des nitrières artificielles, la fabrication de la soude et des sulfates de soude au moyen du sel marin, la fabrication de la céruse par le sous-acétate de plomb et l'acide carbonique, le blanchîment par le moyen du chlore, diverses modifications dans la préparation de l'acide sulfurique, etc.

L'examen du tableau général est du reste une preuve suffisante de la perfection des arts chimiques dans le royaume; puisqu'à l'exception de la céruse, toutes les importations notables sont des matières premières que nous refuse le sol, comme les natrons, le nitrate de soude, l'acide borique, etc., ou que des circonstances naturelles très-favorables produisent ailleurs beaucoup plus économiquement que chez nous, tels sont, les potasses, le nitre de l'Inde, le tarte brut des Deux-Siciles, etc.

IIIe. SECTION. — *Substances combustibles.*

Au premier rang, dans cette section, doit se trouver *la houille*, devenue maintenant indispensable à l'industrie, et dont l'emploi s'étend encore de jour en jour. Bien que la nature ait libéralement répandu sur notre sol cette substance si précieuse, la France, depuis les traités de 1815, et dans l'état actuel des communications, se trouve partagée, sous le rapport du commerce de la houille, en deux régions où les circonstances sont entièrement différentes. L'une, est celle du N. et du N.-E., où l'industrie est très-développée, où les mines de houille sont très-rares, et dont la frontière est pour ainsi dire environnée d'une riche ceinture de bassins houilliers; l'autre, au contraire, qui comprend la Houille.

partie centrale de la France et le versant méridional sur la Méditerranée, est richement pourvue de combustible qui manque de débouchés suffisans, bien que toutes les contrées riveraines de la Méditerranée manquent de combustible minéral; la recherche des moyens propres à remédier à un état de choses aussi désastreux pour cette branche de notre industrie minérale, sort du cadre dans lequel je dois me renfermer ici; je vais seulement m'attacher à en développer les conséquences sur le commerce extérieur.

Dans la première région, les houillières d'Anzin et d'Aniche sont les seules dont les produits soient transportés au loin. Les houillières de Litry (Calvados) et les petits charbonnages du Maine fournissent, il est vrai, à l'agriculture locale, par la cuisson de la chaux, un précieux engrais; mais, déjà insuffisans pour les usages de la maréchalerie de ces contrées, leur influence ne se fait pas sentir au delà d'un rayon très-limité.

Dans ces circonstances, les houillères de l'Angleterre, et sur tout celles de Newcastle, importent abondamment leurs produits dans une partie du littoral de la Manche. Les exploitations du bassin houillier de Mons, qui borde notre frontière du côté de la Belgique, sont particulièrement, pour les mines de Valenciennes et pour celles qui avoisinent le cours de la Loire, la concurrence la plus redoutable sur le marché de Paris : ce sont celles qui donnent lieu à la plus grande importation. Enfin, plus à l'est, les galeries des nombreuses couches de houille du pays de Saarbruck encore exploitées au-dessus du niveau des eaux de la contrée, viennent pour ainsi dire déboucher sur la ligne qui sépare actuellement la France de ses anciennes provinces du Rhin; des circonstances aussi favorables et le défaut de communications intérieures donnent à ces houillères le monopole de l'approvisionnement de cette partie de la France et particulièrement des hauts-fourneaux de la Moselle, des salines de l'Est, etc.

Le tableau qui suit indique la proportion suivant laquelle, la Belgique, l'Angleterre, et la Prusse Rhénane ont contribué à l'importation de l'année 1831.

LIEUX DE PROVENANCE.	IMPORTATION.	
	POIDS.	VALEUR.
	kilog.	fr.
Belgique	443.549.055	6.653.236
Angleterre	35.911.487	538.672
Prusse rhénane	59.245.570	888.684
Allemagne	2.649.325	39.739
Diverses provenances	23.793	358
Total de l'importation de 1831	541.379.230	8.120.689

Les chiffres suivans mettent en évidence la marche progressive de l'importation de la houille dans l'intervalle de 1816 à 1831.

	kil.
De 1816 à 1817	279. 737. 901
De 1820 à 1823	316. 339. 452
De 1824 à 1827	502. 561. 039
De 1827 à 1831	567. 466. 635

L'importation du coke a une très-faible importance; ce produit provient exclusivement des houillères de Saarbruck qui l'expédient, je crois, uniquement pour les hauts-fourneaux d'Hayange Coke.

(Moselle). En 1831, cette importation a été de 3.515.050 kilogrammes, qui représentent une valeur de 35.000 fr. environ.

L'exportation de la houille est presque nulle puisqu'en 1831 la valeur du combustible exporté a atteint, à peine, la somme de 118.000 fr. La Belgique et l'Angleterre ont reçu en 1831 environ un million de kilogrammes; l'exportation pour la Belgique est faite par les exploitations de Fresnes et de Vieux-Condé, pour les fours à chaux du pays de Tournay. La plus grande partie de l'exportation totale, qui en 1831 n'a été que de sept millions de kilogrammes, s'écoule principalement en Sardaigue, en Suisse, dans les Deux-Siciles, dans l'Italie centrale, en Portugal, etc.

Le commerce de la houille en France peut concevoir pour l'avenir d'assez belles espérances; si l'abondance de ce combustible, chez nos voisins du Nord, ferme à nos produits l'accès de cette partie de l'Europe, nous pouvons du moins espérer qu'une révolution inévitable dans les moyens de transport, non moins que le développement de l'esprit d'association chez nos exploitans, permettront aux houilles de la Loire, de l'Auvergne, etc., de remplacer sur les marchés du nord de la France la plupart des houilles étrangères. Sans doute aussi le besoin d'améliorations matérielles se fera enfin sentir dans la partie méridionale de l'Europe, et bientôt peut-être nos mines de la Loire et de la Provence trouveront sur les bords de la Méditerrannée de nombreux débouchés et contribueront ainsi à développer dans ces contrées les arts industriels, bases de la civilisation moderne.

Soufre.

Sauf une quantité peu considérable produite par la distillation de la pyrite et dans le grillage de certains sulfures métalliques, la totalité du soufre consommé en France provient du royaume des Deux-Siciles. Ce soufre est importé uniquement à l'état brut; mais, après avoir été raffiné dans les usines de l'intérieur, il est réexporté en quantité assez considérable pour toutes les contrées avec lesquelles la France entretient des relations commerciales, et principalement pour la Suisse, les villes Anséatiques, la Hollande, les Etats-Unis, les possessions anglaises de l'Inde, etc.

Le tableau suivant, qui présente la moyenne des importations et des exportations à diverses époques des quinze dernières années, donne une idée suffisante du développement qu'a pris dans cet intervalle le commerce du soufre avec les puissances étrangères.

ÉPOQUES	IMPORTATIONS DE SOUFRE			EXPORTATIONS DE SOUFRE		
	brut.	en canons.	sublimé.	brut.	en canons.	sublimé.
De 1816 à 1817.	1.933.262	62.557	958	120.931	30.809	29.215
De 1823 à 1824.	8.375.987	3.975	3.570	1.898	401.168	142.303
De 1829 à 1830.	11.778.474	2.794	4.565	38.331	904.338	220.790

IVe. SECTION. *Substances pierreuses.*

Importations.

Pierres recevant le poli.

Les agates de toute sorte proviennent uniquement de la célèbre formation d'amygdaloïde des environs d'Oberstein, ancien département de la Sarre.

Les marbres bruts, équarris ou sciés, sont importés à peu près exclusivement par la Sardaigne, l'Italie centrale et la Belgique : la France n'exporte qu'une très-petite quantité de marbres bruts ; mais elle envoie dans un grand nombre de lieux des marbres sculptés ou polis, et notamment en Angleterre, aux Etats-Unis, en Espagne, au Mexique, etc.

Pierres et argiles employés dans certains arts.

Celles de ces substances qui donnent lieu aux importations les plus notables sont :

Les cailloux à porcelaine qui proviennent principalement des petits états d'Allemagne, de la Prusse rhénane, de la Belgique et de la Suisse ;

Les pierres à aiguiser, envoyées principalement par la Sardaigne, la Suisse, la Belgique ;

La pierre ponce que nous tirons du royaume des Deux-Siciles ;

Enfin la terre de pipe, qui provient des exploitations d'Andennes, sur les bords de la Meuse, près de Namur, de la Prusse rhénane et des petits états de l'Allemagne.

Importations.

Les principaux articles d'exportation sont :

Terre à porcelaine.

La terre à porcelaine, provenant des belles exploitations de la Haute-Vienne : celle qui est exploitée dans le département de la Manche, approvisionne exclusivement la fabrique de Bayeux.

Meules.

Les meules à moudre provenant de la Ferté-sous-Jouarre, s'exportent principalement en Belgique.

Pierres à feu.

Les pierres à feu sont fabriquées presqu'exclusivement dans le département de Loir-et-Cher, où la production s'est élevée en 1831 à 30.000.000 de pierres. Ce produit est exporté dans presque tous les pays et principalement en Autriche, en Allemagne, aux Etats-Unis, en Hollande, en Sardaigne, en Suisse, dans les villes Anséatiques, en Espagne, etc. La valeur de cette exportation s'élève moyennement à 220.000 fr.

Matériaux de construction.

Ces diverses substances, en général d'un poids considérable et d'une faible valeur, ne peuvent subir de longs transports; aussi le mouvement commercial auquel elles donnent lieu est-il principalement concentré sur les frontières.

Ardoises.

La totalité de l'exportation des ardoises est faite par les ardoisières du département des Ardennes, dont les produits s'écoulent dans les provinces belges. Il faut ajouter à l'exportation indiquée dans le tableau, environ 10.000.000 de petites ardoises qui ne sont frappées d'aucun droit à l'exportation. Ces ardoisières exportent environ les $\frac{3}{4}$ de la production annuelle. Les ardoisières d'Angers n'exportent, à ce qu'il paraît, aucune portion de leurs produits; la production, en 1819, était d'environ 60.000.000 de pièces.

Briques et tuiles.

Les briques et les tuiles s'exportent en quantité assez considérable pour nos colonies des Antilles, Saint-Domingue, diverses colonies étrangères, la Sardaigne, la Belgique. La plus grande partie des exportations aux Antilles proviennent des briqueteries des environs du Hâvre.

La chaux s'exporte pour les mêmes localités.

Plâtre.

Le plâtre est un article de commerce de quelqu'importance; il provient en grande partie des exploitations nombreuses des environs de Paris, et s'exporte principalement pour les Etats-Unis, et en moindre quantité pour la Hollande, la Belgique, l'Angleterre, etc., ainsi que pour l'Allemagne par la frontière du Rhin. Les exportations du plâtre sont toujours supérieures aux importations dont les provenances principales sont la Suisse, la Sardaigne, l'Italie centrale et la Belgique.

Poteries et verreries. Pour toutes les substances comprises dans cette sous-division de la 4e. section, les exportations sont encore généralement supérieures aux importations.

Faïence. La poterie grossière et la faïence s'exportent principalement en Sardaigne, en Belgique, aux Etats-Unis, dans tout le Levant et dans les colonies. La Belgique et la Sardaigne, seules, en importent chez nous une quantité notable. Presque toute la poterie de grès commune, importée, provient de la Prusse et des petits états d'Allemagne.

Porcelaine. La fabrication de la porcelaine est une industrie très-florissante en France, et la valeur des exportations s'élève moyennement à près de 4.000.000 de francs; nos produits s'écoulent dans toute les contrées avec lesquelles nous entretenons des relations commerciales, et principalement aux Etats-Unis, en Angleterre, en Allemagne, dans les villes Anséatiques, en Colombie, au Brésil, etc. L'exportation est très-régulière et présente fort peu de variations, ainsi que le prouvent les chiffres suivans qui présentent la valeur moyenne des exportations à diverses périodes :

De 1820 à 1821. . . . . 3. 711. 219.
De 1824 à 1825. . . . . 3. 243. 508
De 1829 à 1830. . . . . 3. 915. 500

Miroirs. C'est l'Allemagne qui est la provenance principales des miroirs importés en France; les exportations, qui sont toujours très-supérieures aux importations, se font principalement aux Etats-Unis, en Sardaigne, en Suisse, en Turquie, en Angleterre, etc.

Bouteilles.

La valeur de l'exportation des bouteilles, tant pleines que vides, varie, comme l'indique le tableau général, de 2 à 3 millions de francs. Les bouteilles vides s'expédient principalement pour la Sardaigne, l'Italie centrale, la Turquie, la Suisse, les Etats-Unis.

Les bouteilles remplies de vins ou de liqueurs s'exportent surtout pour les Etats-Unis, l'Angleterre, la Russie, les Indes anglaises, l'Allemagne, le Mexique, les diverses Colonies françaises et étrangères, etc.

On a indiqué dans le tableau suivant les principales destinations de l'exportation des bouteilles pleines de 1831. Il est à remarquer que cette exportation est beaucoup plus faible que celle des années précédentes.

DESTINATIONS.	BOUTEILLES PLEINES.	
	Nombre de litres.	Valeur.
		fr.
États-Unis	1.198.528	359.559
Angleterre	927.162	278 149
Russie	457.368	137.210
Indes anglaises	415.981	124.794
Allemagne	287.317	86.195
Mexique	265 886	79.766
Martinique	213.987	64.196
Prusse	212.157	63.647
Villes Anséatiques	156.268	46.880
Diverses destinations	1.519.749	355.821
TOTAUX	5.654.403	1.696.217

L'exportation des bouteilles vides s'est élevée, dans la même année, à la somme de 421.671 fr.

Cristaux et verreries.

Les cristaux et les verreries de toute sorte sont aussi l'objet d'une exportation considérable, pour tous les pays avec lesquels la France a des relations. La moyenne de la valeur des exportations pour les trois années 1829, 1830 et 1831 s'élève à 2.605.282 fr. Le tableau qui suit donne l'indication des principales destinations de ces substances pour l'année 1831.

DESTINATIONS.	VERRERIES DIVERSES.		CRISTAUX.	
	POIDS.	VALEUR.	POIDS.	VALEUR.
	kilog.	fr.	kilog.	fr.
Turquie	428.476	428.476	6.222	12.444
Espagne	364.537	364.537	10.320	20.640
Suisse	226.158	226.158	14.462	28.924
Mexique	222.701	222.701	48.793	97.586
Sardaigne	153.167	153.167	8.897	17.794
Angleterre	101.570	101.570	16.295	32.590
Etats-Unis	84.801	84.801	18.491	36.982
Diverses destinations	382.307	382.307	66.997	133.994
TOTAUX	1.963.717	1.963.717	190.477	380.954

V^e. SECTION. *Fabrications diverses ayant pour base les métaux.*

On a déjà présenté, en parlant des métaux qui font la base de ces fabrications, les diverses observations auxquelles elles peuvent donner lieu. Il est à remarquer, au sujet des diverses fabrications dont la base est le fer ou l'acier, que les droits dont ces substances sont frappés à l'importation, équivalent souvent à une véritable prohibition. L'industrie française ne paraît pas répondre complétement à cet égard aux encouragemens qui lui sont donnés aux dépens des consommateurs. La Prusse, d'autres états d'Allemagne, la Suisse, l'Angleterre, etc., importent encore en France une quantité assez notable de ces divers produits.

Toutefois la dernière exposition des produits de l'industrie a présenté les résultats de quelques efforts heureux ; espérons que la prochaine solennité industrielle nous offrira dans ce genre de nouvelles conquêtes de l'industrie française, et qu'un jour ces diverses fabrications seront aussi florissantes chez nous qu'elles le sont maintenant en Angleterre, en Belgique et en Westphalie.

Remarques sur les Tableaux suivans.

Les marchandises introduites dans le royaume, par la voie du commerce extérieur, sont d'abord, en grande partie, déposées dans les entrepôts d'où elles sortent, en acquittant les droits, au fur et à mesure des besoins de la consommation intérieure. Quelques-unes d'entre elles, d'ailleurs, ne sont amenées dans nos ports que pour le transit. Il y a donc souvent, pour une année en particulier, une différence considérable entre la quantité de marchandises importées dans le royaume, et celle qui est employée par le commerce intérieur. Les chiffres contenus dans ces tableaux se rapportent uniquement à cette dernière classe de marchandises. On a fait le même choix pour les exportations, et l'on a indiqué seulement les exportations de marchandises indigènes, en omettant à dessein toutes les marchandises d'origine étrangère, introduites dans le royaume pour le commerce de transit.

DÉSIGNATION DES SUBSTANCES.

Ire. SECTION. — Métaux, Produits métallurgiques.

Antimoine	sulfuré (*minerai cru*)			1
	métallique (*régule*)			
Argent	brut, en masses et lingots			
	Monnaies			
	Regrets d'orfévre			
Arsenic	métallique			2
	sulfuré jaune (*orpiment*)			
	oxidé blanc (*acide arsenieux*)			
Bismuth	métallique			
Cobalt	Minerai, speiss, etc.			
	Minerai grillé (*safre*)			3
	Vitrifié (*azur*)			
Cuivre	pur	coulé en masses		
		battu ou laminé		
	allié de zinc ou laiton	coulé en masses		
		battu et laminé		4
		filé	pour cordes d'instrumens	
			Autres usages, broderie	
	allié d'étain			
	allié d'argent (*billon*)			
Étain	brut en barres			5
	battu ou laminé			
Fer	Fonte brute			
	— moulée			
	Etiré en barres			
	Platiné ou laminé		Tôle	6
			Fer-blanc	
	de tréfilerie, fil de fer			
	carburé ou acier	naturel et de cémentation	Barres ou tôle	
			Filé	
		fondu	Barres	7
			Filé ou tôle	
	Paille, limaille, ferraille			
Manganèse	oxidé			
Mercure	métallique (*vif-argent*)			
	sulfuré pulvérisé (*vermillon*)			8
Or	Brut, en masses et lingots			
	Monnaies			
Platine				
Plomb	sulfuré	*Sable plombifère*		
		Alquifoux		9
	métallique	Brut, en saumons		
		Battu ou laminé		
	oxidé (*litharge*)			
Zinc	Calamine grillée			
	Métallique, en masses et plaques			10
	id. pour laminage			
	id. laminé			

1829.		1830.		1831.	
IMPORTATIONS.	EXPORTATIONS.	IMPORTATIONS.	EXPORTATIONS.	IMPORTATIONS.	EXPORTATIONS.
kilog	*kilog.*	*kilog.*	*kilog.*	*kilog.*	*kilog.*
3.684	5.103	45.995	11.034	252	25.807
13.412	6.800	10.996	13.583	7.130	29.691
182.468	8.526	223.945	1.018	212.794	21.476
441.556	94.162	732.008	90.406	766.119	53.965
40.918	»	149.148	»	71.261	»
3.742	»	2.317	»	1.641	»
15.516	686	14.884	7.024	5.327	630
60.953	1.810	66.347	1.204	70.086	1.185
1.841	»	873	»	1.049	»
1.842	»	20	»	593	»
3.404	»	2.626	»	1.064	»
144.217	261	112.410	807	118.885	638
5.425.580	10.046	5.578.131	79.598	3.078.030	10.864
6.067	93.895	8.728	55.463	7.278	64.037
9.572	11.256	18.320	16.240	17.041	3.235
3.717	11.953	3.335	47.806	1.666	49.383
1.811	2.833	1.331	4.261	904	8.887
143	44.314	1.946	18.917	1	16.380
300.184	2.755	163.314	3.342	69.435	5.514
88.926	»	107.283	»	84.308	»
1.208.727	8.109	833.443	12.749	858.019	2.131
»	3.402	»	2.796	»	1.167
7.799.603	495.875	9.328.218	378.154	4,748.099	349.718
»	203.261	»	202.999	»	198.735
5 542.053	415.039	6.346.015	278.617	4.646.145	274.990
16.230	15.074	6.628	5.683	4.133	12.474
101.652	9.898	64.765	4.756	36.607	6.584
2.456	254.446	1.147	234.941	221	186.514
610.526	14.191	689.335	6.391	528.320	
5.124	453	3.221	206	1.827	798
53.598	817	69.444	2.539	29.825	26.874
27.829	2.150	23.298	921	8.975	381
15.078	152.266	4.549	291.045	20.163	331.185
231.105	90.776	177.970	57.245	75.197	46.443
80.503	560	45.065	522	46.675	277
5.354	»	2.699	744	1.999	324
3.263	11.108	4.804	7.611	2.880	2.915
4.363	1.571	19.247	4.904	5.134	1.599
56,10	»	78,25	»	90,11	»
326 257	»	293.926	»	290.434	»
814.868.	12.715	766.047	13 465	906.429	6.713
16.260.865	21.133	15.223.518	4.756	9.753.639	22.28
»	204.335	»	221.288	»	188.927
90.216	16.791	69.828	3.187	39.022	6.149
15.492	»	121	»	24.224	»
1.795.479	3.864	1.653.621	3.983	2.131.904	12.430
41.135	»	876	»	164	»
2.335	16.880	285	18.877	467	20.597

DÉSIGNATION DES SUBSTANCES.	
IIe. SECTION. — Sels et Produits chimiques.	
Acide sulfurique.	1.
— nitrique.	
— muriatique.	
— borique.	
Acétate de plomb (*sel de Saturne*).	
— de cuivre { non cristallisé sec (*vert-de-gris*).	2.
— de cuivre { cristallisé (*verdet*).	
Alcalis. Potasse.	
— Soudes de toutes sortes.	
— Natrons.	
Borate de soude (*borax*).	3.
Carbonate d'ammoniaque.	
— de magnésie.	
— de plomb. . { pur ou mélangé (*céruse*).	
— de plomb. . { très-pur (*blanc d'argent*).	
Chlorure de chaux.	4.
Chromate de plomb.	
Muriate de soude (*sel de marais ou de saline*).	
— d'ammoniaque (*sel ammoniac*).	
Nitrate de potasse brut (*salpêtre brut*).	
— — — raffiné (*salpêtre raffiné*).	5.
— de soude.	
Oxalate acide de potasse (*sel d'oseille*).	
Sulfate de potasse.	
— de soude.	
— de magnésie.	6.
— double d'alumine, etc. { *alun* calciné.	
— double d'alumine, etc. { — non calciné.	
— de fer (*couperose*).	
— de cuivre (*vitriol bleu*).	
Tartrate de potasse pur (*tartre pur*).	7.
— — — — impur (*tartre brut*).	
IIIe. SECTION. — Substances combustibles.	
Bitume solide (*asphalte*).	8.
— liquide (*naphte*)	
— — (*pétrole*).	
Graphite.	
Houille brute (*charbon de terre*).	
— carbonisée (*coke*).	9.
Jayet ou jais.	
Soufre brut.	
— épuré, coulé en canons.	
— sublimé, en poudre.	
Succin.	10.
Tourbe.	

	1829.		1830.		1831.	
	IMPORTATIONS.	EXPORTATIONS.	IMPORTATIONS.	EXPORTATIONS	IMPORTATIONS.	EXPORTATIONS.
	kilog.	*kilog.*	*kilog.*	*kilog.*	*kilog.*	*kilog.*
1	9.900	329.036	10.943	240.307	11.119	557.489
	360	15.204	255	22.636	357	28.576
	»	55.229	»	50.880	»	74.824
	120.200	»	472	9	5.922	»
	»	70.606	»	69.684	»	55.588
2	»	323.325	»	360.016	»	566.750
	»	62.192	»	54.869	»	69.692
	5.228.198	31.097	5.662.043	13.501	3.756.534	26.813
	97.[illegible]	664.567	209 889	606.855	121.790	548.729
	255.908	6.792	467.093	226	550.797	125
3	5	1.697	1	5.424	»	5.180
	228	184	39	98	659	16
	3.124	238	2.930	1.454	2.805	276
	664.509	21.721	267.794	7.601	113.052	15.048
	13.727	1.223	14.793	349	8.694	112
4	»	23.771	»	»	»	»
	»	6.326	»	7.966	»	9.398
	2.290	55.689.784	3.436	34.251.587	»	52.033.391
	23	10.684	52	10.454	245	3.536
	1.535.551	262	1.478.522	216	1.595.772	282
5	»	1.303	»	349	»	246
	»	»	»	»	448.221	»
	1.656	300	1.201	195	2.136	76
	»	3.157	»	39.226	»	2.338
	»	665.921	»	422.243	»	274.670
6	6.317	4.629	11.082	4.094	4.742	6.273
	»	322.575	»	105.431	»	122.300
	59.055	344.140	37.340	562.104	31.652	249.876
	2.101	501.486	3.991	479.708	1.210	493.196
	»	168.579	»	148.394	»	189.257
7	16	332.792	14	234.436	»	353.713
	242.000	166 000	228.306	119.337	173.475	95.713
8	153	12.899	3.149	10.840	10	6.567
	6.918	»	12.125	»	6.212	»
	7.502	22.886	7.439	67.491	5.361	66.246
	63.630	»	123.429	»	69.737	»
	547.458.416	6.118.847	630.923.400	6.011.722	541.379.230	7.068.194
9	3.483.385	»	3.183.900	»	3.515.050	»
	32.067	»	14.938	»	»	»
	10.635.304	13.717	12.921.644	62.945	8.747.832	3.273
	3.170	989.619	2.418	819.058	719	1.056.102
	5.955	230.899	3.175	210.681	3.586	286.971
10	852	4.806	2.662	1.816	1.300	829
	23.300	»	34.450	»	15.000	»

DÉSIGNATION DES SUBSTANCES.

IVe. SECTION. — Substances pierreuses.

1°. Recevant le poli.

Substance	Détail		
Agathes ouvrées			1.
Albatre	brut		
	ouvré, (sculpté, poli, etc.)		
Diamans	bruts		
	ouvrés		
Gemmes diverses	brutes		2.
	ouvrées		
Marbre	brut ou écarri		
	scié, sculpté, poli, etc		

2°. Employées dans certains arts.

Substance	Détail		
Cailloux à faïence et à porcelaine			3.
Emeri			
Meules	à moudre		
	à aiguiser		
Pierres à aiguiser			4.
— ponce			
— à feu			
Terre à porcelaine			
— de pipe			
Tripoli			5.

3°. Matériaux de construction.

Substance	Détail		
Ardoises	pour toitures		
	en carreaux ou en tables		
Briques			6.
Carreaux de terre			
Chaux			
Platre	brut		
	préparé, moulu, calciné		7.
Tuiles			
Matériaux divers			

4°. Poteries et verreries.

Substance	Détail		
Porcelaine	commune		8.
	fine		
Poterie	de terre	grossière	
		faïence	
	de grès	commun	
		fin	9.
Verreries	Miroirs		
	Bouteilles	pleines	
		vides	
	Cristaux		10
	Verreries diverses		
	Bijouterie de verre		

	1829.		1830.		1831.	
	IMPORTATIONS.	EXPORTATIONS.	IMPORTATIONS.	EXPORTATIONS.	IMPORTATIONS.	EXPORTATIONS.
	kilog.	*kilog.*	*kilog.*	*kilog.*	*kilog.*	*kilog.*
1	5.099	380	1.997	239	887	139
	63.313	»	100.525	»	65.767	»
	25.535	25.965	22.183	21.264	5.424	6.904
	7,09	»	»	»	»	»
	17,04	6.03	»	»	»	»
2	7.555	429,30	»	»	»	»
	373	343,57	»	»	»	»
	2.204.000	103.882	2.102.584	144.060	1.628.936	51.866
	1.478.000	250.217	2.009.491	192.265	953.562	130.177
3	722.407	90.026	585.931	71.186	213.840	26.289
	64.746	3.415	89.469	6.601	53.880	13.322
	nomb.	*nomb.*	*nomb.*	*nomb.*	*nomb.*	*nomb.*
	173	393	136	354	153	345
	19.552	17.183	15.156	19.619	11.394	14.514
	kilog.	*kilog.*	*kilog.*	*kilog.*	*kilog.*	*kilog.*
4	210.338	9.117	222.742	1.579	146.424	8.462
	182.408	3.449	138.272	2.997	167.020	5.958
	»	441.818	8	390.637	157	442 964
	3.508	91.186	62.313	128.736	100.481	5.462
	2.094.286	125.533	1.567.354	83.433	2.303.127	138.413
5	44.199	»	6.968	»	805	»
	nomb.	*nomb.*	*nomb.*	*nomb.*	*nomb.*	*nomb.*
	1.353.516	14.249.926	1.397.118	14.329.600	1.162.109	8.506.700
	10.135	3.164	10.866	7.225	9.255	1.200
6	684.447	14.126.047	529.011	5.550.197	627.405	4.864.675
	289.820	1.867.460	354.737	1.506.140	243.676	1.210.812
	kilog.	*kilog.*	*kilog.*	*kilog.*	*kilog.*	*kilog.*
	»	2.722.935	»	3.137.301	»	3.073.756
	299.250	3.580.095	618.111	3.844.280	811.972	2.774.932
7	1.076.536	1.368.309	906.349	1.232.179	664.666	1.134.961
	nomb.	*nomb.*	*nomb.*	*nomb.*	*nomb.*	*nomb.*
	1.226.036	3.989.056	1.460.118	2.972.182	956.157	2.561.590
	kilog.	*kilog.*	*kilog.*	*kilog.*	*kilog.*	*kilog.*
	17.033.582	3.134.028	17.513.256	5.806.198	14.779.338	6.074.753
	kilog.	*kilog.*	*kilog.*	*kilog.*	*kilog.*	*kilog.*
8	467	835.525	722	728.877	183	557.818
	3.409		5.435		1.874	
	62.753	1.583.680	68.995	1.473.740	44.350	1.413.335
	2.326	621.169	3.144	428.548	2.733	405.658
	249.606	126.235	204.905	118.777	183.939	125.498
9	»	13.437	39	12 234	»	15.892
	fr.	*fr.*	*fr.*	*fr.*	*fr.*	*fr.*
	351.670	847.615	152.200	602.638	252.400	3.288.128
	14.264	2.469.302	10.589	1.912.747	8.974	1.696.217
	»	412.523	»	427.969	»	421.671
10	»	787.858	»	566.168	»	380.954
	»	2.270.023	26	1.847.127	»	1.963.717
	216.000	53.000	204.726	29.483	196.093	30.801

DÉSIGNATION DES SUBSTANCES.		
Vᵉ. SECTION.—Fabricat. diverses ayant pour base des métaux.		
Instrumens aratoires	Faux	1.
	Faucilles et autres	
Limes et râpes	communes	
	fines	
Scies	communes	
	fines	2.
Outils	de pur fer	
	de fer rechargé d'acier	
	de pur acier	
	de cuivre et de laiton	3.
Ouvrages	en fonte	
	en fer	
	en tôle	
	en fer-blanc	
	en acier	
	en cuivre, — laiton, et bronze : dorés	4.
	en cuivre, — laiton, et bronze : argentés	
	en cuivre, — laiton, et bronze : autres	
	en plomb	
	en étain	
	en zinc	
Orfévrerie	d'or ou de vermeil	5.
	d'argent	
Bijouterie	d'or : ornée en pierres fines	
	d'or : toute autre	
	d'argent : ornée en pierres fines	
	d'argent : toute autre	6.
Métaux précieux travaillés	Or : battu en feuilles, tiré, laminé	
	Or : filé sur soie	
	Argent battu, tiré, laminé, filé	7.
Plaqués		
Machines et Mécaniques		8.
Caractères neufs d'imprimerie		

	1829		1830.		1831.	
	Importations.	Exportations.	Importations.	Exportations.	Importations.	Exportations.
	kilog.	*kilog.*	*kilog.*	*kilog.*	*kilog.*	*kilog.*
1	316.261	16.749	286.684	18.426	226.285	9.515
	37.266	43.874	36.915	28.383	21.677	18.616
	215.823	1.661	254.843	1.150	144.066	650
	30.164	1.107	33.423	915	15.829	1.065
	16.066	2.014	15.269	2.900	11.195	1.011
2	13.295	2.123	10.248	2.382	6.507	379
	13.530	16.542	12.975	14.282	6.117	11.801
	64.057	70.712	78.089	42.863	37.476	52.343
	30.425	8.899	31.330	6.056	20.175	9.799
3	1.709	8.621	1.922	3.916	2.131	5.649
	»	690.461	»	710.431	»	658.732
	»	1.687.144	»	901.372	»	864.656
	»	15.365	»	7 521	»	11.123
	»	19.767	»	18.404	»	15.952
	»	9.276	»	9.209	»	4.878
4	»	49.850	»	45.073	»	51.839
	»	4.597	»	6.300	»	2.523
	»	164.836	»	139.018	»	131.938
	»	198.499	»	209.657	»	193.686
	»	26.800	»	26.790	»	21.540
	»	885	»	1.057	»	1.704
5	0,51	333	1,31	315	0,82	392
	211,67	3.774	83,13	2.983	127,45	3.031
	8,07	97	6,31	65	2,40	26
	4,71	380	10,14	238	8,43	129
	3,14	1	0,66	2	0,04	8
6	2,65	268	1,88	201	2,01	119
	»	514	»	488	»	512
	»	480	»	419	»	1.198
7	»	212	»	78	»	145
	»	350.020	»	248.204	»	205.448
	fr.	*fr.*	*fr.*	*fr.*	*fr.*	*fr.*
8	800.341	1.662.674	1.185.012	1.349.443	906.256	»
	kilog.	*kilog.*	*kilog.*	*kilog.*	*kilog.*	*kilog.*
	»	44.099	»	53.631	»	34.647

www.ingramcontent.com/pod-product-compliance
Ingram Content Group UK Ltd.
Pitfield, Milton Keynes, MK11 3LW, UK
UKHW020452230726
13925UKWH00005B/1896

9 782013 569941